Decamps. Delacroix - 1874 (Avril 20) Total de la vente 225.810 f.

Vente du Lundi 20 Avril 1874

HOTEL DROUOT, SALLE N° 8

TABLEAUX MODERNES

DE L'ÉCOLE FRANÇAISE

PROVENANT

Des Collections de M. G. de L. et de M. E.

EXPOSITIONS :

PARTICULIÈRE : LE SAMEDI 18 AVRIL 1874.
PUBLIQUE : LE DIMANCHE 19 AVRIL 1874.

COMMISSAIRE-PRISEUR,
Me CHARLES PILLET,
10, rue de la Grange-Batelière.

EXPERT,
M. HARO, PEINTRE,
14, rue Visconti et rue Bonaparte, 20

Paris 1874

CATALOGUE

DES

TABLEAUX MODERNES

DE L'ÉCOLE FRANÇAISE

Provenant des Collections G. de L. et de M. E.

DONT LA VENTE AURA LIEU

HOTEL DROUOT, SALLE N° 8

Le Lundi 20 Avril 1874,

A trois heures.

EXPOSITIONS :

PARTICULIÈRE	PUBLIQUE
Le Samedi 18 Avril 1874.	*Le Dimanche 19 Avril 1874.*

Me CHARLES PILLET,	M. HARO, PEINTRE-EXPERT,
COMMISSAIRE-PRISEUR,	CHEVALIER DE LA LÉGION D'HONNEUR
10, rue de la Grange-Batelière	14, rue Visconti et rue Bonaparte, 20.

CONDITIONS DE LA VENTE

Elle sera faite au comptant.

Les acquéreurs payeront *cinq pour cent* en sus des adjudications.

CE CATALOGUE SE DISTRIBUE

CHEZ

Me CHARLES PILLET	M. HARO
COMMISSAIRE-PRISEUR	PEINTRE-EXPERT
10, Rue de la Grange-Batelière, 10	Rue Visconti, 14, et rue Bonaparte, 20.

Paris. — Typ. PILLET fils aîné, 5, rue des Grands-Augustins.

DÉSIGNATION

BERTIN (ARMAND)

1 — Les saintes femmes au tombeau.

Grand paysage avec figures.

Toile. Haut., 1 m. 50 cent.; larg., 2 m. 20 cent.

BOUDIN

2 — Une rade.

Signé à droite et daté.

Toile. Haut., 65 cent.; larg., 93 cent.

BOUDIN

3 — La plage de Trouville.

Signé à droite.

Bois. Haut. 31 cent.; larg., 48 cent.

CHAVET (V.)

4 — L'amateur de peinture.

Signé à droite et daté.

Bois. Haut., 19 cent.; larg., 15 cent.

COROT

5 — Le garde champêtre.

Paysage avec petites figures.

Toile. Haut., 29 cent. larg., 58 cent.

COROT

6 — La pêche à la senne.

Signé à droite.

Toile. Haut., 50 cent.; larg., 60 cent.

COROT

7 — La Cueillette. Paysage. Effet de printemps.

Signé à droite.

Toile. Haut., 71 cent.; larg., 48 cent.

COROT

8 — **Le Matin. Paysage.**

Signé à gauche.

Toile. Haut., 37 cent.; larg., 55 cent.

COTÉ (HIPPOLYTE)

9 — **Le chien du pauvre.**

Signé et daté.

Toile. Haut., 1 m. 16 cent.; larg., 90 cent.

COURBET

10 — **Forêt, bord de rivière. Paysage.**

Signé à gauche et daté 1865.

Toile. Haut., 85 cent.; larg., 1 m. 05 cent.

COURBET

11 — **Le Torrent neigeux.**

Signé à gauche.

Toile. Haut., 60 cent.; larg., 49 cent.

DAUBIGNY

12 — **Vue d'Auvers.**

Signé à gauche.

Bois. Haut., 38 cent.; larg., 67 cent.

DECAMPS

13 — **Soldats turcs traversant un gué.**

Toile. Haut., 55 cent.; larg., 43 cent.

DECAMPS

14 — **Le chasseur à la bécasse.**

Toile. Haut., 31 cent.; larg., 45 cent.

DELACROIX (EUGÈNE)

15 — **Grecs combattant pour l'indépendance.**

(Épisode de la guerre acharnée qui dura entre les Turcs et les Grecs pendant près de neuf années.)

Ce tableau a été enlevé de verve dans un de ces moments d'inspiration où les facultés semblent doublées; rarement Eugène Delacroix a eu une exécution aussi éclatante et aussi serrée; il faut se hâter de regarder ce Pallikar et sa monture folle; ils passent comme l'éclair. La palette de Delacroix est là dans toute sa puissance harmonieuse et vraie; armes, harnachements, costumes, sont rendus avec la supériorité du peintre d'histoire qui a fait, selon nous, de cette toile un chef-d'œuvre.

Signé à gauche.

Toile. Haut., 65 cent.; larg., 81 cent.

DELACROIX (EUGÈNE)

16 — La fiancée d'Abydos.

Signé à droite.

Toile. Haut., 32 cent.; larg., 40 cent.

DIAZ

17 — Enfants turcs jouant avec un lézard.

Signé à droite.

Toile. Haut., 25 cent.; larg., 34 cent.

DIAZ

18 — Suzanne surprise par les deux vieillards.

Signé à droite.

Toile. Haut., 47 cent.; larg., 38 cent.

DIAZ

19 — Rêverie.

Signé à gauche.

Toile. Haut., 27 cent.; larg., 21 cent.

DIAZ

20 — Fleurs, roses, etc.

Signé N. Diaz.

Peint par le maître sur un panneau du cabaret de Barbizon. (Collection de Khalil bey.)

Bois. Haut., 70 cent.; larg., 42 cent.

DUPRÉ (JULES)

21 — Paysage. — Une Chaumière.

Signé à droite.

Toile. Haut., 41 cent.; larg., 61 cent.

DURAN (CAROLUS)

22 — La Canzonetta italienne,

Signé à droite et daté.

Toile. Haut., 1 mètre; larg., 67 cent.

FROMENTIN

23 — Retour à la ferme.

Bois. Haut., 26 cent.; larg., 47 cent.

GÉLIBERT (J.)

24 — Chien rapportant un faisan.

Toile. Haut., 00 cent.; larg., 00 cent.

GÉLIBERT (P.)

25 — Lancer de chevreuil.

Toile. Haut., 46 cent.; larg., 67 cent.

HARPIGNIES

26 — La Pêche réservée.

Signé à gauche et daté.

Bois. Haut., 32 cent ; larg., 40 cent.

HARTMANN (L.)

27 — Paysan alsacien gardant un cheval.

Signé à droite.

Bois. Haut., 30 cent.; larg., 25 cent.

HEREAU (J.)

28 — Un Omnibus.

Signé à droite.

Toile. Haut., 33 cent.; larg., 33 cent.

JACQUE (C.)

29 — Une Bergerie.

Signé à gauche.

Toile. Haut., 45 cent.; larg., 67 cent.

JACQUE (C.)

30 — Chevreuils sous bois. Effet du matin.

Toile. Haut., 70 cent.; larg., 54 cent

JACQUE (C.)

31 — Moutons au pâturage, paysage, figures et animaux. Effet de matin.

Signé à gauche.

Toile. Haut., 75 cent.; larg., 63 cent.

JACQUE (C.)

32 — Moutons. — Pendant du précédent. Effet du soir.

Signé à gauche.

Toile. Haut., 75 cent.; larg., 63 cent.

MICHEL (G.)

33 — Paysage.

Effet d'orage.

Toile, Haut., 50 cent.; larg., 70 cent.

PALIZZI

34 — La Mare.

Intérieur de forêt; paysage et animaux.
Signé à gauche.

Toile. Haut., 65 cent.; larg., 87 cent.

PISSARRO (C.)

35 — Vue d'une usine sur une rivière.

Toile. Haut., 55 cent.; larg., 92 cent.

SCHENCK

600. 36 — La Remise des chevreuils.

Toile. Haut., 40 cent.; larg., 60 cent.

SISLEY

380. 37 — Bougival.

Signé à droite et daté 1872.

Toile. Haut., 45 cent.; larg., 62 cent.

SPIRIDON

2.100. 38 — Faites le beau !

Signé à droite.

Bois. Haut., 24 cent.; larg., 17 cent.

TROYON

2.020. 39 — Paysage. Étude faite en Normandie. (Première manière)

Derrière la toile, l'inscription suivante :
A Moynet. G. Troyon. 1854.

Toile. Haut., 65 cent.; larg., [illegible] cent.

TROYON

40 — Paysage.

Toile. Haut., 24 cent.; larg., 33 cent.

ZIEM

41 — Vue de Venise.

Signé à gauche.

Exposition de Vienne.

Toile. Haut., 70 cent.; larg., 1 m. 06 cent.

ZIEM

42 — Vue de Constantinople.

Toile. Haut., 36 cent.; larg., 61 cent.

TABLEAUX

Provenant de la Collection de M. E.

ANKER

43 — La Récolte en Alsace.

Au milieu d'un chemin frappé par la lumière du soleil, et terminé à gauche par des champs en pente, au haut desquels on voit des maisons dans les arbres, un chariot passe, attelé de deux bœufs roux. Il est chargé de cuves sur lesquelles se tiennent cinq personnages; parmi ceux-ci, un homme debout soutient un ornement rustique, composé d'une perche à laquelle sont fixées des guirlandes de verdure entrelacées de fleurs. Un vieil homme danse devant le char, tourné vers un groupe de dix figures. Parmi ces dernières, deux jeunes filles portent des cuvelles. Impression d'un temps clair et chaud.

Toile. Haut., 1 m. 06 cent.; larg., 1 m. 80 cent.

ANTIGNA

44 — Jeunes Filles à la fontaine.

Toile. Haut., 60 cent.; larg., 45 cent.

BAKALOWICZ (L.)

45 — La Nouvelle acquisition.

Deux dames regardent un singe accroupi sur un perchoir et mangeant du raisin. L'une d'elles est debout, un éventail à la main, en robe de velours rouge; l'autre, vêtue de satin bleu, se penche, les mains réunies devant. Tenture de damas rose à fleurs, à droite, au fond.

Panneau. Haut., 52 cent.; larg., 45 cent.

BAUGNIET

46 — La Visite à la nourrice.

La nourrice au milieu, le nourrisson sur ses genoux et deux enfants auprès d'elle. Deux dames viennent d'entrer et se tiennent debout, vers la droite, près d'une porte ouverte par laquelle se découvre un bout de paysage. Nombreux accessoires.

Panneau. Haut., 31 cent.; larg., 39 cent.

BRETON (JULES)

47 — La Tricoteuse.

Une jeune paysanne, les pieds nus, est assise sur le tronc recourbé d'un pommier qui se bifurque à droite; elle est vêtue d'une robe brune sur laquelle est posé un tablier d'un ton chamois foncé; un morceau d'étoffe grise entoure ses épaules, et elle a la tête serrée dans un bonnet d'un blanc gris d'où s'échappe une mèche de cheveux. Ses mains, rapprochées à la hauteur de la gorge, tiennent les aiguilles avec lesquelles elle tricote un bas aux couleurs variées. Un pré s'étend derrière elle, rayé d'une large traînée de lumière jaune clair, sur laquelle tranchent des avant-plans vert foncé.

Toile. Haut., 1 m. 60 cent.; larg., 1 m. 26 cent.

COURBET (G.)

48 — Rêverie au bord de la mer.

Femme en buste, de face, la tête sur la main, les cheveux retombant sur un corsage gris. A droite, fond de mer sur lequel se détache un ciel rouge.

Toile. Haut., 62 cent.; larg., 77 cent.

COUTURE

49 — La Baigneuse.

Elle est assise, de profil et nue, sur un tertre recouvert en partie d'une draperie blanche, avec une draperie noire enroulée autour de la jambe, et tourne vers le fond sa tête dont on ne voit que les cheveux.

Sa chair brune s'étale sur les transparences d'un fond brouillé de tons roux, lustrée dans la lumière de reflets ambrés.

Toile. Haut., 1 m. 48 cent.; larg., 1 m. 18 cent.

DECAMPS

50 — Les Mendiants.

Au premier plan, à gauche, un vieillard est assis de face, tenant un bâton dans la main et causant avec un petit garçon portant une gibecière en bandoulière. Toute cette partie est lustrée de tons fins, en demi-teinte, et contraste avec l'effet de lumière qui frappe les fonds et réchauffe les pénombres, où une femme se tient debout, un panier au bras.

Panneau. Haut., 21 cent.; larg., 17 cent.

DIAZ

51 — Environs de Paris. Paysage.

Bois. Haut., 33 cent.; larg., 34 cent.

DIAZ

52 — Forêt de Fontainebleau. Paysage.

Bois. Haut., 17 cent.; larg., 35 cent.

DUPRÉ (JULES)

53 — Solitude.

La mer pousse, parallèlement au cadre, des vagues d'un vert tendre et lumineux, frangées d'écume ; elle bleuit à mesure qu'elle se rapproche de l'horizon, et y laisse une ligne d'un bleu intense sur lequel tranche un ciel pâle bleu où s'enroulent des nuées vert-de-grisées Une voile à l'horizon.

Toile. Haut., 86 cent.; larg., 1 m. 12 cent.

DUPRÉ (JULES)

54 — Vue prise sur l'Oise.

Toile. Haut., 22 cent.; larg., 33 cent.

ESCOSURA (LÉON)

55 — Une Taverne au xvie siècle.

Panneau. Haut., 38 cent.; larg., 48 cent.

FROMENTIN (E.)

56 — Rendez-vous de chefs arabes.

Dans une plaine terminée par des montagnes d'un vert pâle alterné de jaune et de bleu tendre, sont réunis des Arabes : les uns montés et faisant caracoler leurs chevaux; [illegible] assis ou debout, formant des groupes. Au pre[illegible] plan, un chef tient en bride un cheval brun finement découplé. Plus à droite, un groupe de trois personnages examine le cheval.

Toile. Haut., 1 m. 02 cent.; larg., 1 m. 42 cent.

FROMENTIN (E.)

57 — La Sieste.

Dans un paysage à la gauche duquel s'élève un talus surmonté d'un massif d'arbres et relié vers le fond à une chaîne de collines, un groupe d'Arabes est assis. L'un d'eux, couché à plat sur le dos, tient dans la main la bride de licou d'un cheval blanc.

A droite, près d'un personnage courbé et dont on ne voit que le dos, un cheval brun. Quelques chevaux et des Arabes dans le fond. Ciel bleu pâle sur lequel se dénouent de légers nuages blancs.

Panneau. Haut., 44 cent.; larg., 64 cent.

DE JONCHE (G.)

58 — Le Cabinet d'antiquités.

Deux jeunes femmes, l'une en soie noire sur jupon blanc, l'autre en soie brune sur jupon bleu, de profil au milieu du tableau, regardent un verre de Venise que l'une d'elle tient dans les mains.

A droite, un cabinet vitré garni de figurines, de verres, de cannettes et autres objets. A gauche, un paravent sur une table couverte d'un tapis à dessins.

Du dernier salon.

Panneau. Haut., 76 cent.; larg., 61 cent.

KAEMMERER (F.-H.)

59 — Un Temps de neige sur les côtes de Bretagne.

Chemin à la côte, s'étendant du fond en avant, entre deux talus; une neige fine couvre à demi le chemin et les fonds. Au bout du chemin, des toits d'habitations se détachent sur la neige. Derrière le talus à droite, échappée de mer avec des embarcations. Le disque rouge du soleil apparaît à droite, dans un nuage gris qui dentèle de part en part le ciel. Petits personnages dans le chemin.

Toile. Haut., 27 cent.; larg., 42 cent.

METZMACHER (E.)

60 — Un Jour de pêche à la campagne.

Une jeune fille, le bas des jambes nu, plonge l'extrémité de son pied dans un petit cours d'eau, et retient de la main son jupon rose. Près d'elle, sur l'herbe, un chapeau de paille, des bottines, un bouquet de fleurs.

Au fond, par-dessus la haie, une tête de jeune homme en tricorne, qui regarde.

Panneau. Haut., 31 cent.; larg., 38 cent.

MILLET (J.-F.)

61 — Bergère lutinée par l'Amour.

Toile. Haut., 46 cent.; larg., 38 cent.

TROYON (C.)

62 — Taureau.

Robe blanche à taches d'un brun roux sur laquelle tombe la lumière. Il est debout, la tête tournée vers la gauche du tableau, dans un pré terminé par une lisière d'arbres. Ciel d'un bleu voilé de gris.

Toile. Haut., 92 cent.; larg., 72 cent.

WILLEMS (F.)

63 — La Broderie.

Panneau. Haut., 56 cent.; larg., 46 cent.

ZIEM

64 — Vue du Bosphore.

Le fleuve s'étend dans toute la partie antérieure, avec ses flots d'un bleu intense et lumineux, dans lesquels se reflètent en diaprures scintillantes les costumes aux vives couleurs de personnages assis dans une barque qui passe à l'avant-plan. Un peu en arrière, à demi dérobé par la fumée d'une canonade, un vaisseau pavoisé, avec un pavillon français.

D'autres embarcations dans l'éloignement.

Au fond, les rives de Constantinople faisant bordure au fleuve, dans une lumière intense et poudroyante.

Ciel bleu tendre, brouillé de fumées vers le bas.

Toile remarquable par l'étonnante ardeur du coloris.

Toile. Haut., 69 cent.; larg., 1 m. 12 cent.

65 — Sous ce numéro, seront vendus les tableaux omis au Catalogue.

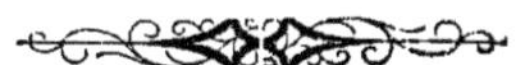

www.ingramcontent.com/pod-product-compliance
Ingram Content Group UK Ltd.
Pitfield, Milton Keynes, MK11 3LW, UK
UKHW021927190726
13853UKWH00002B/905